TRABAJO FINAL DE MAESTRIA

EN

DERECHO CONSTITUCIONAL DOMINICANO

TEMA: EL CONTROL CONCENTRADO DE LA CONSTITUCIONALIDAD EN LA CONSTITUCIÓN DOMINICANA DEL 2010 Y LA LEY ORGANICA DEL TRIBUNAL CONSTITUCIONAL Y DE LOS PROCEDIMIENTOS CONSTITUCIONALES DEL 2011

PROFESOR MARCOS FRANCISCO MASSO GARROTE
DIRECTOR DEL CURSO

PRESENTADO POR:

GREGORIO ANTONIO SICARD BAEZ

NOVIEMBRE 17, 2012

INDICE

EL CONTROL CONCENTRADO DE LA CONSTITUCIONALIDAD EN LA CONSTITUCIÓN DOMINICANA DEL 2010 Y LA LEY ORGÁNICA DEL TRIBUNAL CONSTITUCIONAL Y DE LOS PROCEDIMIENTOS CONSTITUCIONALES DEL 2011.

INTRODUCCION.. 5

I. EL CONTROL DE LA CONSTITUCIONALIDAD.. 7

    A. El Control de la Constitucionalidad.. 7

    B. Origen del Control de la Constitucionalidad... 10

        1. El Modelo Concreto (Judicial Review) o Americano..................... 10

        2. El Modelo Concentrado o Austriaco.. 11

            a. Por vía de excepción... 11

            b. Por vía de acción.. 12

        3. El Modelo Híbrido Europeo... 12

        4. El Modelo Híbrido Iberoamericano... 12

    C. Origen del Control de la Constitucionalidad en la República Dominicana... 13

II. EL TRIBUNAL CONSTITUCIONAL COMO CONTROL DE LA CONSTITUCIONALIDAD EN LA CONSTITUCION DEL 2010......................... 15

    A. Tribunal Constitucional Dominicano.. 15

    B. Autonomía del Tribunal Constitucional Dominicano...................................... 16

    C. Atribuciones del Tribunal Constitucional... 18

        1. Control concentrado de Constitucionalidad en la Constitución del 2010..... 18

            a. La Acción de Inconstitucionalidad... 20

            1. La Inconstitucionalidad formal... 20

            2. La Inconstitucionalidad material... 21

            b. El Control preventivo de la constitucionalidad............................. 21

            c. Los conflictos de competencia entre los poderes públicos, a instancia de uno de sus titulares……………………………………………………………… 23

   d. Cualquier otra materia que disponga la ley…………………………….. 23

  2. Control Difuso de la Constitucionalidad en la Constitución del 2010………… 24

 D. Integración del Tribunal Constitucional Dominicano…………………..………… 24

III. DECISIONES DEL TRIBUNAL CONSTITUCIONAL DOMINICANO…….. 25

 A. Características y Clases de Decisiones del Tribunal Constitucional ……........ 25

 1. Sus decisiones son definitivas e irrevocables ……………………..…….. 25

 2. Decisiones conexas………………………………………………….....…… 25

 3. Decisiones Interpretativas …………………………………….……..…… 26

  a. Decisiones interpretativas y aditivas…………………………….. 26

  b. Decisiones interpretativas Exhortativas……………………………… 26

IV. LOS PRINCIPIOS DE APLICACION E INTERPRETACION DE LOS DERECHOS Y GARANTIAS FUNDAMENTALES…………………………………………….. 27

 A. Principios de reglamentación e interpretación:………………………………… 27

 1. No tiene carácter limitativo…………………………………………… 27

 2. Solo por ley………………………………………... 27

 3. Los tratados, pactos y convenciones relativos a derechos humanos………… 27

 4. Los poderes públicos interpretan y aplican las normas relativas a los derechos fundamentales y sus garantías…………………………………………. 28

 B. Interpretación de la norma jurídica conforme al objeto y fin de la norma…… 29

 1. Teleológico………………………………………... 29

 2. Interpretación más Favorable ……………………………………… 29

V. PRINCIPIOS DEL SISTEMA DE JUSTICIA CONSTITUCIONAL DOMINICANA. 30

 A. Principios Rectores………………………………….............................. 30

  1. Principio de Accesibilidad……………………………………....... 30

  2. Principio de Celeridad……………………………………............... 30

  3. Principio de Constitucionalidad…………………………………….... 30

  4. Principio de Efectividad………………………………………............ 30

  5. Principio de Favorabilidad………………………………………........... 30

  6. Principio de Gratuidad……………………………………………......... 31

  7. Principio de Inconvalidabilidad……………………………….…..……. 31

  8. Principio de Inderogabilidad…………………………………………… 31

  9. Principio de Informalidad……………………………………………..... 31

  10. Principio de Interdependencia………………………………………….. 31

  11. Principio de Oficiosidad……………………………………………....... 31

  12. Principio Supletoriedad…………………………………………..……. 32

  13. Principio de Vinculatoriedad……………………………………..……. 32

CONCLUSIONES……………………………………….............................. 33

ABREVIATURAS……………………………………................................. 34

BIBLIOGRAFIA………………………………………............................... 35

INTRODUCCION

En un momento tan trascendental como el que está viviendo la República Dominicana, como un "Estado Social y Democrático de Derecho"[1], y con la creación del "Tribunal Constitucional"[2]

---

[1] **Constitución de La República Dominicana. Proclamada el 26 de Enero de 2010, Publicada en la Gaceta Oficial No. 10561, del 26 de Enero de 2010.** Pp. 10 y 16. Asimismo, importa destacar a grandes rasgos, algunos logros y avances que deberán incidir notablemente en el progreso y fortalecimiento de nuestras instituciones y del Estado Social y Democrático de derecho que ella crea. **El Articulo 7 CD- Estado Social y Democrático de Derecho.** La República Dominicana es un Estado Social y Democrático de Derecho, organizado en forma de República unitaria, fundado en el respeto de la dignidad humana, los derechos fundamentales, el trabajo, la soberanía popular y la separación e independencia de los poderes públicos. **La Constitución Comentada** pp. 37 y 38. La fórmula del "Estado Social y Democrático de Derecho" indica que el Estado no sólo está basado en el respeto de los derechos fundamentales y la separación e independencia de los poderes (Estado de Derecho) ni en la soberanía popular (Estado Democrático) sino que también es un Estado que procura el respeto a la dignidad humana, que solo puede lograrse allí donde se remueven los obstáculos a la plena igualdad de todos los dominicanos, lo cual implica sobre todo la garantía de los derechos sociales y la referencia social de todos los derechos fundamentales (Estado Social). Un Estado Social debe ser siempre un Estado democrático de derecho, esto así a razón de que es imposible hablar de Estado Social allí donde exista un régimen en el que los individuos participan en los bienes económicos, sociales y culturales pero no en la formación de la voluntad política del Estado ni en el proceso de distribución de dichos bienes.

[2] **Constitución Dominicana** "la creación de nuevos órganos e instancias, como el Tribunal Constitucional. Ver: Título VII Del Control Constitucional. art. 184 CD **Tribunal Constitucional.** Habrá un Tribunal Constitucional para garantizar la supremacía de la Constitución, la defensa del orden constitucional y la protección de los derechos fundamentales. Sus decisiones son definitivas e irrevocables y constituyen precedentes vinculantes para los poderes públicos y todos los órganos del Estado. Gozará de autonomía administrativa y presupuestaria. **La Constitución Comentada** Op. Cit. pp. 347 y 348 "1. La relevancia de la especialización de la jurisdicción constitucional. La especialización de la jurisdicción constitucional, bajo la modalidad de un Tribunal orgánicamente independiente de los tradicionales poderes del Estado, formó parte de un pequeño núcleo de ideas en torno al que se expresaron los mayores niveles de consenso histórico, a lo largo de casi tres décadas de debate por una reforma constitucional integral en el país. En tal sentido, la creación del TC hay que verla como la respuesta a una demanda en cuya consecución han hecho causa común los más diversos sectores que interactúan en el complejo entramado de la dinámica social y política de la República Dominicana. La razón de ser de ese consenso histórico al que se hace referencia, estriba en la conciencia asumida por la comunidad nacional sobre el papel trascendente que, en la

para garantizar los derechos consignados en las normas constitucionales. Este nuevo modelo de derecho tiene como objetivo la transformación completa de nuestro sistema establecido- legalista- a un sistema de normas y principios constitucionalista.

Y así como dijo el Astronauta Neil Armstrong (E.P.D.) cuando puso el primer pie en la Luna, "That's one small step for [a] man, one giant leap for mankind." ("un pequeño paso para un hombre, pero un gigantesco salto para la humanidad"). De esta misma manera, nuestra Constitución dio su "primer paso" para lograr un salto con la creación de un órgano constitucional - Tribunal Constitucional- en la República Dominicana.

Ciertamente no pretendo hacer un "río de tinta" para desarrollar el tema del Control Concentrado de la Constitucionalidad, ya que es un tema vasto, profundo y en constante evolución. En tal sentido y en vista de que nuestro Tribunal Constitucional se encuentra recientemente instalado- (Enero 2012)-actualmente en sus primeras fases de desarrollo, funcionando en conformidad con

defensa del Estado de derecho, ha jugado la "jurisdicción constitucional de la libertad", como con acierto la llamara hace ya varias décadas don Mauro Cappelletti. Efectivamente, la casi totalidad de los países que han trillado el camino de la consolidación democrática y de la vigencia efectiva del sistema de derechos y libertades fundamentales; donde las ideas de supremacía constitucional y de razonable equilibrio entre los poderes ha pasado a formar parte de la cotidianidad política, han tenido en el Tribunal Constitucional una de las principales fuentes de impulso. La renovación del constitucionalismo centro-europeo en la segunda post-guerra, el auge de la denominada "revolución liberal" (BRUCE ACKERMAN) en el este de Europa tras desmoronamiento de las sociedades del llamado socialismo real, los procesos de transición democrática llevados a cabo en nuestra América Latina desde la década de los 80s, encarnan momentos singulares de la evolución política de nuestra convulsa contemporaneidad, que tienen en el Tribunal Constitucional uno de sus elementos centrales. En nuestro caso, como sucede en la mayoría de las experiencias a uno y otro lado del Atlántico, la relevancia del Tribunal Constitucional desborda los límites de sus naturales atribuciones en materia de derechos y libertades, si bien éstas constituyen la quinta esencia de su razón de ser. La creación constitucional de un sistema de precedente con base en las decisiones de este órgano, las cuales tienen carácter vinculante para todos los poderes públicos, plantea una transformación tal en nuestra realidad jurídica, que modifica sustancialmente el sistema tradicional de fuentes del derecho y la estructura jerárquica del orden normativo nacional. Se puede afirmar sin temor a exageraciones que uno de los aspectos en que mejor se expresa el grado de sintonía entre las decisiones de política constitucional adoptadas por la Asamblea Nacional y las expectativas ciudadanas lo encontramos en la creación del Tribunal Constitucional. Pasemos de inmediato a analizar en detalle los aspectos más relevantes contenidos en el texto del presente artículo.

lo establecido en la Constitución y las leyes Orgánicas, nos limitaremos simplemente desglosar la parte teórica. Tocaremos distintos tópicos del Control de la Constitucionalidad, en especial el control concentrado, sus orígenes, distintos modelos, la interpretación de las normas constitucionales y los distintos principios aplicables.

I. EL CONTROL DE LA CONSTITUCIONALIDAD

A. El Control de la Constitucionalidad:

El control de la constitucionalidad es uno de los elementos fundamentales del Estado democrático del derecho en el mundo contemporáneo"[3] y esta opinión es ratificada por ARAGON REYES, cuando comenta que: "solo es Constitución "normativa" la constitución democrática, y solo a partir de ella puede configurarse el estado constitucional como forma política o el estado de derecho como estado constitucional."[4]

El Control de la constitucionalidad es el procedimiento jurídico mediante el cual, se procura asegurar y garantizar el cumplimiento de las normas constitucionales. Toda ley, decreto, acto,

---

[3] Puede decirse que el Estado democrático de derecho en el mundo contemporáneo está construido sobre cuatro elementos fundamentales: en primer lugar, la existencia de una Constitución como norma suprema, directamente aplicable a los particulares; en segundo lugar, la democracia como régimen político, que tiene por objeto asegurar el gobierno del pueblo como titular de la soberanía, sea en forma indirecta a través de representantes, o bien mediante instrumentos para su ejercicio directo; en tercer lugar, el goce y ejercicio de los derechos humanos, como fin esencial del orden político; y en cuarto lugar, el control del poder, como sistema político constitucional, que tiene por objeto impedir el abuso de quienes ejercen el poder estatal. Los cuatro elementos están interrelacionados, de manera que ninguno puede existir aisladamente y sin que exista el otro: no puede haber efectiva supremacía constitucional, verdadera democracia ni efectivo goce y protección de los derechos humanos si no hay control del poder, y sólo en democracia es que se concibe el sistema de derechos humanos, la posibilidad de controlar el poder y garantizar efectivamente la supremacía de la Constitución. BREWER-CARIAS, Allan R., **Nuevas reflexiones sobre el papel de los tribunales constitucionales en la consolidación del Estado democrático de derecho: defensa de la Constitución, control del poder y protección de los derechos humanos,** Anuario De Derecho Constitucional latinoamericano, 2007 p.63

[4] ARAGON, Manuel, **Constitución, Democracia y Control,** Universidad Nacional Autónoma de México, México, 2002 p.82

tratado, etc., contrario a la constitución se declarara (inconstitucional) nulo y sin valor jurídico alguno. El fundamento de este control es el "Principio de Supremacía Constitucional."[5]

La Supremacía Constitucional es un principio del Derecho Constitucional que establece y coloca a la Constitución de un país jerárquicamente por encima de todas las demás normas jurídicas, internas y externas, incluyendo a los tratados internacionales celebrados por dicho país.

La Constitución del año 2010 plasma y consagra dicho principio al señalar en su artículo 6 que: "Todas las personas y los órganos que ejercen potestades públicas están sujetos a la Constitución, norma suprema y fundamento del ordenamiento jurídico del Estado. Son nulos de pleno derecho toda ley, decreto, resolución, reglamento o acto contrarios a esta Constitución."

Los autores MEDRANO Y MEJIA[6], BREWER-CARIAS[7], ARAGON[8] y RAY GUEVARA[9],

---

[5] Desde un punto de vista lógico y racional, puede afirmarse que el poder conferido a un órgano estatal que ejerce una actividad jurisdiccional para que actúe como juez constitucional, es una consecuencia del principio de la supremacía de la Constitución. En estos sistemas de justicia constitucional Concentrada, siendo la Constitución la Ley suprema del país, es evidente que en caso de conflicto entre un acto estatal y la Constitución, ésta última debe prevalecer. Sin embargo, la Constitución no siempre confiere poderes a todos los tribunales para que actúen como jueces constitucionales. En muchos casos, reserva este poder a la Corte Suprema de Justicia o a un Tribunal Constitucional especial, sobre todo en lo que respecta a algunos actos del Estado, los cuales solamente pueden ser anulados por dichos órganos cuando contradicen la Constitución. De manera general puede señalarse que la lógica del sistema reside en el principio de la supremacía de la Constitución y del deber de los tribunales de decidir la ley aplicable a cada caso en particular; ello, sin embargo, con una limitación precisa: el poder de decidir la inconstitucionalidad de los actos legislativos y otros actos del Estado de mismo rango se reserva a la Corte Suprema de Justicia o a una Corte, un Consejo o un Tribunal Constitucional. En consecuencia, en el sistema concentrado de control de la constitucionalidad de las leyes, todos los tribunales continúan teniendo plenos poderes para decidir sobre la constitucionalidad de las normas aplicables en cada caso concreto, salvo las de las leyes u actos dictados en ejecución inmediata de la Constitución. BREWER-CARIAS, Allan R. "El Control Concentrado de la Constitucionalidad de la leyes (Estudio de Derecho Comparado)" p.13

[6] El control constitucional supone una actividad estatal a través de la cual se procura asegurar la vigencia, supremacía en el sistema de fuentes del derecho e integridad de la Constitución con respecto a todos los actos de los poderes públicos. Condicionando la validez y efectos de tales actos, tanto en la forma de su creación como en su contenido, a su conformidad con la constitución. MEDRANO Y MEJIA, Claudio Aníbal "**Curso de Garantías Constitucionales-**

coinciden en que el control de la constitucionalidad es indispensable para que la supremacía de la constitución sea verdaderamente efectiva y cumpla su cometido.

De ahí que, la Constitución del 2010 instaura el Tribunal Constitucional como órgano estatal independiente para garantizar la supremacía de la Constitución, la defensa del orden constitucional y la protección de los derechos fundamentales. Ahora bien, no obstante la consagración del principio de la supremacía en nuestra Constitución, es menester notar que la incorporación de este principio no determinaba de por sí la existencia de la institución del Control Constitucional. Hago esta aseveración porque entre otras cosas, es necesario que los miembros de dicho Tribunal tengan los conocimientos y experiencias en el campo de la normativa constitucional para poder garantizar lo antes expresado. Y, debido a su reciente creación, tomará tiempo para consolidar los fundamentos de dicha institución. Sin embargo, el sólo hecho de la creación del Tribunal Constitucional Dominicano, es el primer paso gigantesco hacia tan encomiable meta.

Unidad C El Control de Constitucionalidad" p. 61.

[7] A los efectos de asegurarle que en el Estado Constitucional de derecho, los órganos superiores de justicia puedan asumir el rol esencial de interpretar la Constitución y de ejercer el control de la constitucionalidad de los actos estatales, en el mundo contemporáneo y de acuerdo a las peculiaridades de cada país y de cada sistema constitucional, se ha venido estableciendo una variedad de sistemas de justicia constitucional, los cuales siempre se pueden clasificar tomando en cuenta lo que se haya dispuesto en relación con el o los órganos judiciales o de otra índole constitucional llamados a ejercer tal control de la constitucionalidad. BREWER-CARIAS, "El Sistema de Justicia Constitucional en la República Dominicana y La Ley Orgánica del Tribunal Constitucional y de los Procedimientos Constitucionales (2011)", **Estudios Constitucionales,** Año 9, N° 1, 2011, pp. 303 - 338.

[8] El control es un elemento inseparable del concepto de Constitución si se quiere dotar de operatividad al mismo, es decir, si se pretende que la constitución se "realice," en expresión de Hesse; o, dicho en otras palabras, si la constitución es norma y no mero programa puramente retorico" y continúa diciendo-"El control no forma parte únicamente de un concepto "político" de constitución, como sostenía Schmitt, sino de un concepto jurídico, de tal manera que sólo si existe control de la actividad estatal puede la constitución desplegar su fuerza normativa, y sólo si el control forma parte del concepto de constitución puede ser entendida esta como norma." ARAGON, Manuel, Op. Cit. p.81

[9] RAY GUEVARA, Milton "Palabras Pronunciadas por el Dr. Milton Ray Guevara-Magistrado Presidente del Tribunal Constitucional-Aula Magna Universidad Autónoma de Santo Domingo, 26 de Enero 2012" p.12

B. Origen del Control de la Constitucionalidad:

Existen cuatro modelos de control de constitucionalidad: (i) el Control Concreto (Judicial Review), que se inició en los EE.UU. en el siglo XIX; (ii) el Control Abstracto o Concentrado, que surgió en Austria en el siglo XX; (iii) el Control Híbrido Europeo, que surge después de la Segunda Guerra Mundial; y, por último tenemos, (iv) el modelo Híbrido Iberoamericano, que surge en el siglo XXI; este modelo es una combinación del control concentrado y del control difuso.

1. El Modelo Concreto (Judicial Review) o Americano:

Este modelo clásico tiene sus inicios cuando se formaron las primeras 13 Colonias en los Estados Unidos de Norteamérica con la creación de la República Federal. "La idea de jurisdicción Constitucional está vinculada íntimamente con la intención de velar en forma efectiva por la supremacía constitucional y de solucionar, aplicando criterios jurídicos, los conflictos constitucionales que surjan entre los órganos estatales supremos."[10]

En otras palabras, es el poder que tienen los tribunales de examinar las acciones de los poderes legislativos, ejecutivos y administrativos y determinar si dichas acciones están en consonancia con lo estipulado en la Constitución. Si dichas acciones se consideran inconsistentes, se declaran las acciones nulas e inconstitucionales. Su nacimiento suele ser ligado a la célebre sentencia que pronunciara el Juez Marshall en el caso **Marbury contra Madison en 1803**.[11] Se considera el caso más importante de la jurisprudencia estadounidense por los principios que estableció. El control de la constitucionalidad queda en manos de los Tribunales Ordinarios (Poder Judicial),

---

[10] GARCIA GARCIA, José Francisco **"Tres aportes fundamentales de El Federalista a la Teoría Fundamental Moderna,** p. 52

[11] La famosa sentencia del Presidente de la Corte Suprema americana John Marshall, en 1803 en el caso *Marbury v. Madison*, en que se declaraba inconstitucional una ley federal, los autores de *El Federalista* habían delineado en forma casi perfecta un modelo de obligatoriedad de la declaración judicial de inaplicabilidad de las leyes federales que fueran contrarias a las revisiones de la Constitución. Tal esquema iba a sostenerse, esencialmente, en la idea de que la Carta Fundamental no era una simple ley, sino una norma cualitativamente diferente, lo que además venía claramente demostrado en su artículo V que disponía un procedimiento especial para introducir reformas a esta. Op. Cit p.53

quienes tienen la tutela del control de constitucionalidad, garantizando la supremacía de la constitución y asegurando en su aplicación que ninguna ley este por encima del texto constitucional. Estos son los garantes de las libertadas y garantías fundamentales del individuo, teniendo la última palabra la Suprema Corte de Justicia.

2. El Modelo Concentrado o Austríaco:

Este modelo clásico tiene su origen con la teoría planteado por Hans Kelsen.[12] En el siglo XX Kelsen creó un esquema de control de constitucionalidad de leyes, y propuso que el control de constitucionalidad quedara concentrado en las manos de un órgano creado específicamente para asegurar el ejercicio regular de las funciones estatales.

Un gran aporte de Kelsen, como defensor de la democracia y de un sistema de equilibrio entre poderes estatales, es su pirámide normativa. Dicha pirámide presenta, un sistema de jerarquía de las normas que sustenta la doctrina positivista, según la cual toda norma recibe su valor de una norma superior. Kelsen reconoce dos formas de control para este fin:

a. Por vía de excepción: El control de la constitucionalidad vía excepción, es aquel que ejercen los tribunales ordinarios y el Juez apoderado de asuntos civiles, comerciales, laborales, penales, administrativos, a petición o de oficio puede dictaminar (para un caso específico) la inconstitucionalidad de una norma que entre en contradicción con la constitución, pudiendo en ciertos casos de justicia consuetudinaria, marcar un precedente en ciertas situaciones.

b. Por vía de acción: esta es la concepción de revisión judicial de Kelsen, en

---

[12]Una de las ideas más notables de Kelsen —y que más legado ha dejado— ha sido su sistema de revisión constitucional, que crea tribunales constitucionales especializados a los que confía esta revisión. Kelsen propone originalmente un cuerpo de jueces que no provengan del poder judicial. Esta institución se diferencia del sistema norteamericano (que nace en los albores de la independencia, con el caso **Marbury vs. Madison**), en que el tribunal funciona como «legislador negativo» invalidando los estatutos o legislaciones que considere contrarios a la constitución y no procede necesariamente caso a caso. Este sistema fue usado primero en Austria, pero luego se extendió a España, Portugal e Italia y más adelante, incluso a repúblicas de Europa Central y del Este. En el sistema de revisión constitucional de Chile, que se reglamenta a partir de las modificaciones constitucionales del año 2005, se ve una fuerte influencia del sistema Kelseniano (o europeo como algunos lo llaman).

donde un órgano especializado declara inconstitucional una norma y de esta forma la norma pierde su entrada en vigor, no pudiendo formar parte del ordenamiento jurídico.

Las decisiones dadas por el Tribunal Constitucional en el proceso del control de la constitucionalidad, ya sea que se trate de las leyes, decretos, actos, tratados, son decisiones *erga omnes,* oponibles a todos. Este carácter de *erga omnes*, es lo que da el denominativo de Legislador Negativo a las decisiones del Tribunal Constitucional (cuando declara una ley inconstitucional). Por otro lado, una parte de la doctrina considera que cuando las decisiones del Tribunal Constitucional son interpretativas y exhortativas, tienen un carácter de Legislador positivo. Su carácter de Legislador positivo, es porque las decisiones no anula la ley o la declara inconstitucional, sino más bien la crítica positivamente, analizando su contenido e interpretando la misma, para que pueda ser aplicable y no declarar inconstitucional.

3. El Modelo Híbrido Europeo:

Después de la Segunda Guerra Mundial, los modelos clásicos han perdido vigencia y han sufrido modificaciones e incluso adaptaciones. Esta situación ha llevado a que dichos modelos pierdan su pureza.

El modelo híbrido europeo de control de constitucionalidad combina los dos modelos clásicos arriba mencionados. El control de constitucionalidad difuso puede ser presentado de manera incidental y/o excepcional vía los Tribunales Ordinarios, el cual se denomina control difuso. O, cuando es solicitado por vía directa al Tribunal Constitucional es denominado el control de constitucionalidad concentrado.

Cuando el Poder Judicial ejerciendo el control de constitucionalidad difuso, y el proceso llega a su última instancia, el Tribunal Superior, sobresee el asunto, hasta tanto el Tribunal Constitucional decida sobre la cuestión. Consiguientemente, el Tribunal Superior acata la decisión el Tribunal Constitucional (este es el caso de España).

4. El Modelo Híbrido Iberoamericano:

Este modelo de control de constitucionalidad, es casi idéntico del modelo híbrido europeo, excepto que, cuando se ejerce el control difuso -vía incidental y/o excepcional -el Poder Judicial no tiene que sobreseer el conocimiento del proceso para que el Tribunal Constitucional decida.

Ahora bien, las decisiones emitidas por el Poder Judicial no son *erga omnes*, y solamente ligan a las partes envueltas en el litigio (nuestro caso de República Dominicana).

Independientemente de que estemos en presencia de un modelo clásico Austriaco, Modelo Hibrido Europeo o Modelo Híbrido Iberoamericano, todos y cada uno de ellos tiene en común que su fuente y nacimiento está basado en la Teoría Kelseniana y reglamentada por la norma constitucional que lo crea.

C. Origen del Control de la Constitucionalidad en la República Dominicana:

Con el inicio de la República Dominicana y la proclamación de la Constitución del año 1884[13] se

---

[13] Aquel célebre 16 de julio de 1838 en que quedó constituida mediante pacto augusto, estampado con la sangre inmortal de sus miembros fundadores, la sociedad secreta La Trinitaria, el patricio Juan Pablo Duarte dio inicio a la serie de acontecimientos históricos que más tarde darían lugar al nacimiento de la República Dominicana. En efecto, el fin último de los trinitarios radicaba en la firme intención de forjar, como resultado de la separación de Haití, una patria libre, soberana e independiente bajo la denominación de República Dominicana. En América Latina, para mediados del siglo XIX, la adopción de una Constitución escrita en la que quedaran consagrados los fundamentos constitutivos de la nación, las prerrogativas y deberes básicos de sus asociados y las instituciones y mecanismos para el gobierno del aparato estatal, era ya una costumbre ratificada por la praxis histórica. La Carta Magna norteamericana de 1787 y el Pacto Fundamental francés de 1791, instauraron la tradición político-jurídica consistente en proclamar desde el Estado una Ley Sustantiva que definiera los caracteres esenciales de la asociación política. En este tenor, los dominicanos habíamos vivido ya las experiencias relativas a la aplicación en nuestro territorio, por períodos efímeros o extensos, de Pactos Constitucionales extranjeros, tales como la Constitución de Toussaint de 1801, la Ley Fundamental de Cádiz de 1812 y las Leyes Sustantivas haitianas de 1816 y 1843. En virtud de lo anterior, Duarte y los trinitarios habían concebido la formación de un Estado libre de todo protectorado, intervención e influencia extranjera, basado en el establecimiento de un gobierno "... popular en cuanto a su origen, electivo en cuanto al modo de organizarle, representativo en cuanto al sistema, republicano en su esencia y responsable en cuanto a sus actos" (artículo sin número del proyecto de Ley Fundamental de Juan Pablo Duarte). Con esta declaración, el prócer dejaba definida ante los ojos de la historia y de sus contemporáneos su posición de principio frente al problema de la soberanía nacional y planteaba con ello su abierta oposición a los influyentes y poderosos grupos sociales adeptos a la idea de la anexión o, en el mejor de los casos, a la consecución del protectorado de una potencia extranjera. Conocido es el famoso Plan Levasseur, en virtud del cual Buenaventura Báez habría supeditado el nacimiento del Estado dominicano al establecimiento de un protectorado francés que implicaba la cesión de una porción del territorio nacional. El manifiesto del 16 de enero de 1844 fue a la vez declaración de independencia y preconstitución del Estado dominicano. En él se proclamaba la resuelta intención de emancipar a la nación dominicana del señorío subyugador que por espacio de 22 años nos habían impuesto los gobernantes haitianos, y en su texto se exponía una declaración de agravios que legitimaba

da inicio al control judicial de la constitucionalidad, estableciendo el control difuso.

Las Constituciones de los años 1874 y 1875, establecieron igualmente el control difuso. Posteriormente, las Constituciones de los años 1877-1881 y las de los años 1887, 1896 y 1907, eliminaron el control difuso de la carta magna y no establecieron ningún control de la constitucionalidad.

La Constitución del año 1908 retorna el control difuso de la constitucionalidad, y la Constitución del año 1924 plasmó el control concentrado de la constitucionalidad. Sin embargo, las Constituciones de los años 1927, 1929 y 1934, retornaron al control difuso de la constitucionalidad.

Posteriormente, la Constitución del año 1994 implemento el control concentrado y el control difuso, dentro del Poder Judicial[14]. La gran mayoría de estos cambios en las Constituciones dominicanas, han surgido por intereses políticos individuales como un medio de controlar el poder y no con el objetivo de crear una verdadera norma jurídica constitucional.

---

frente al resto del mundo civilizado la acción independentista que sería tomada. Asimismo, la "Manifestación de la parte Este de la Isla antes Española o de Santo Domingo, sobre las causas de su separación de la República Haitiana" establecía todo un ordenamiento jurídico constitucional provisional que debía regir los destinos del incipiente Estado dominicano desde la fecha de su independencia hasta la proclamación de una Carta Sustantiva en la que se consagraran con carácter definitivo los mecanismos y principios de la organización política. De tal forma, una breve declaración de derechos, encabezada por la libertad individual, la abolición de la esclavitud, la igualdad ante la ley, la libertad de expresión y difusión del pensamiento y la inviolabilidad de la propiedad privada, constituye el preámbulo que anuncia la formación de un Estado organizado bajo los principios doctrinarios de la democracia representativa. Durante los primeros meses que discurren a partir de aquel célebre manifiesto que señalaba la inminencia de la separación, muchos fueron los avatares suscitados en torno a la cuestión de la forma política que debía adoptar el nuevo Estado. Los principales líderes dominicanos se hallaban divididos entre anexionistas y proteccionistas -fueran éstos hispanófilos, afrancesados o pro norteamericanos-, por un lado, y los abanderados de la independencia pura y simple por el otro. PERALTA DECAMPS, Richard: **La Constitución de San Cristóbal. Apuntes para el estudio de sus antecedentes, esencia y proyecciones históricas**, Ediciones Jurídicas Trajano-Potentini, 2da. edición, Santo Domingo, República Dominicana, 2004.

[14] La reforma constitucional del 14 de agosto de 1994, viene a fortalecer, modernizar e independizar un Poder Judicial poco regulado. En éste sentido se establece un control constitucional, tanto difuso como concentrado, creándose un control mixto. El control difuso se dispone en el artículo 46 y el control concentrado en el artículo 67. "Art. 46.- Son nulos de pleno derecho toda ley, decreto, resolución, reglamento o acto contrarios a esta Constitución." "Art. 67.- Corresponde exclusivamente a la Suprema Corte de Justicia, sin perjuicio de las demás atribuciones que le confiere la ley: [...] Y de la constitucionalidad de las leyes, a instancias del

Como podrá observarse, el control de la constitucionalidad en la República Dominicana, ha sufrido un sin número de exclusiones en la Carta Magna desde su fundación. Para su mejor estudio y comprensión se ha dividido en cuatro etapas, según la opinión de SUBERO ISA "La cuestión de la constitucionalidad en la República Dominicana se caracteriza por haber pasado por cuatro etapas diferentes a través de 167 años de vida como Estado independiente, las cuales se encuentran perfectamente diferenciadas en las reformas constitucionales que se han realizado."[15]

II. EL TRIBUNAL CONSTITUCIONAL COMO CONTROL DE CONSTITUCIONALIDAD EN LA CONSTITUCION DEL 2010.

A. Tribunal Constitucional Dominicano:

La Constitución del 2010 adopta el Modelo Híbrido Iberoamericano del control de la constitucionalidad. Nuestro Modelo Híbrido combina elementos de los otros Modelos Clásicos del control de la constitucionalidad, como son el Americano o Judicial Review, el Austríaco o Concentrado y el Híbrido Europeo. La opción del constituyente de 2010 de crear un Tribunal Constitucional fortaleció de forma significativa la dimensión concentrada del sistema. Porque le otorga atribuciones a un órgano estatal independientemente el control de constitucionalidad.

Dicho órgano tiene como fundamento el principio de supremacía constitucional, explicamos

---

Poder Ejecutivo, de uno de los Presidentes de las Cámaras del Congreso Nacional o de parte interesada." Así tenemos en éste texto, una fórmula totalmente innovadora, pues puntualiza quiénes pueden ejercer el recurso por vía directa y además es interpretada más tarde por la Suprema Corte Justicia, estableciendo un alcance nunca antes visto en la historia constitucional de nuestro país. A lo que debemos agregar que dicho alcance no solamente abarca a quienes pueden acceder a éste recurso, sino también que el objeto es más amplio que cualquier otro texto constitucional. Lo cual se confirma en la jurisprudencia del más alto tribunal, como veremos más adelante. **La Alternabilidad en la Historia Dominicana de los Sistemas de Control de la Constitucionalidad. Jorge A. Subero Isa-**Presidente de la Suprema Corte de Justicia República Dominicana.pp.5 y 6

[15] Una primera etapa que abarca el período comprendido desde 1844 hasta la entrada en vigencia de la Constitución de 1924; una segunda etapa que comprende desde la Constitución de 1924 hasta la entrada en vigencia de la del año 1927; una tercera etapa que va desde la vigencia de la Constitución de 1927 hasta la entrada en vigencia de la Constitución de 1994; y una cuarta etapa que abarca desde la entrada en vigencia de la del año de 1994 hasta la fecha de hoy. El pasado 26 de enero inició una quinta etapa en nuestra justicia constitucional, con la entrada en vigencia de la Constitución de 2010. Op. Cit. P.6

más arriba y decíamos que, la Constitución de un país es la norma de mayor jerarquía a la cual deben sujetarse todas las otras leyes, independientemente de que sean leyes dictadas por los legisladores, los decretos y demás resoluciones dados por el Poder Ejecutivo, ordenanzas y las sentencias y demás resoluciones de los jueces.

Coincidimos con las siguientes ideas, en vista de que los principios generales que plantea Kelsen sobre las decisiones erga omnes y en este sentido nos comenta, y todo ello porque crea la jurisprudencia constitucional, RAY GUEVARA dice: "La relevancia del Tribunal Constitucional desborda los límites de sus atribuciones en materia de derechos y libertades, si bien éstas constituyen la quinta esencia de su razón de ser. La creación constitucional de un sistema de precedente con base en las decisiones de este órgano, las cuales tienen carácter vinculante para todos los poderes públicos, plantea una transformación tal en nuestra realidad jurídica, que modifica sustancialmente el sistema tradicional de fuentes del derecho y la estructura jerárquica del orden nacional."[16]

El concepto de la vinculatoriedad de las decisiones del Tribunal Constitucional, crea una nueva fuente de derecho constitucional. La cual paulatinamente alimenta y sirven de fundamento a las normas constitucionales por su carácter erga omnes. Actualmente solo contamos con unas cuantas decisiones del Tribunal Constitucional y por el momento carecemos de una doctrina constitucional. A medida que las decisiones aumenten, contaremos con una jurisprudencia constitucional y nuestro derecho se fortalecerá.

B. Autonomía del Tribunal Constitucional Dominicano.

La autonomía del Tribunal Constitucional se fundamenta en la parte in fine del art. 184 CD "Gozará de autonomía administrativa y presupuestaria" y de esta manera garantizar su independencia"[17] frente a cualquier poder del estado.

---

[16] RAY GUEVARA, Op. Cit P.9
[17] Uno de los mecanismos para garantizar la independencia de los órganos de administración de justicia es la autonomía presupuestaria y administrativa. Este nivel de autonomía persigue evitar la interferencia de poderes o instancias extrañas en el manejo de cuestiones administrativas tan básicas como la facultad para la designación del cuerpo de funcionarios y empleados, la orientación de las prioridades para asignación de los recursos presupuestariamente asignados, etc. Recordemos que uno de los aspectos considerados como de mayor trascendencia en la

Adicionalmente, los arts. 1, 3 y 18 de la Ley Orgánica Del Tribunal Constitucional y de los Procedimientos Constitucionales núm. 137-11 de fecha 13 de Junio del 2011, ("LOTCPC") disponen, que: "es autónomo de los poderes públicos y demás órganos del Estado.", "el Tribunal Constitucional solo se encuentra sometido a la Constitución, a las normas que integran el bloque de Constitucionalidad, a esta Ley Orgánica y a sus reglamentos." Y, finalmente agrega el art. 18: "Los jueces de este Tribunal no están sujetos a mandato imperativo, ni reciben instrucciones de ninguna autoridad."

Como podrá apreciarse, se desprende lógicamente que las facultades del Poder Judicial quedan reducidas, en lo que respecta a la justicia constitucional, por la creación de un órgano "extra-poder"[18] autónomo e independiente de los tres poderes del Estado.

El art 5 de la LOTCPC fortalece la aseveración anterior cuando establece que: "La Justicia Constitucional es la potestad del Tribunal Constitucional y del Poder Judicial de pronunciarse en materia constitucional en los asuntos de su competencia. Se realiza mediante procesos y procedimientos jurisdiccionales que tiene como objetivo sancionar las infracciones constitucionales para garantizar la supremacía, integridad y eficacia y defensa del orden constitucional, su adecuada interpretación y la protección efectiva de los derechos fundamentales."

Podría erróneamente pensarse que con la creación del Tribunal Constitucional, se crea un cuarto

reforma constitucional de 1994 fue el reconocimiento de la autonomía administrativa y presupuestaria del Poder Judicial, pues siempre la sombra del Ejecutivo pendía como una amenaza a la independencia de los jueces, toda vez que por vía del control presupuestario y administrativo podía incidir directamente en todo el aparato judicial. En el sentido de lo antes expuesto, conviene apuntar que si bien la autonomía presupuestaria y administrativa es un aspecto de suma importancia para la independencia del Tribunal Constitucional y la imparcialidad de criterio de sus integrantes, hay que alertar sobre el hecho de que ello no es suficiente. La independencia del juez resulta de la suma de un conjunto de factores que abarcan los criterios considerados para la designación en el cargo, la naturaleza del proceso de designación, la garantía de permanencia en el cargo por el tiempo constitucionalmente estipulado, más allá de las veleidades políticas, entre otros importantes aspectos. La Constitución Comentada, Op. Cit. pp.354y 355.

[18] JORGE PRATS, Eduardo," **VII Encuentro Iberoamericano de Derecho Procesal Constitucional Santo Domingo, 2011"** pp.189

poder El poder Constitucional que supervisa las funciones de los demás poderes del Estado. Aunque, tal interpretación del Tribunal Constitucional no sería correcta, ya que este sólo actúa para revisar, y en algunos casos, anular los actos del poder ejecutivo y legislativo que no estén en conformidad con la Constitución. El Tribunal Constitucional funge como un protector y salvaguadador de la Carta Magna y sirve como medio de velar de que los poderes existentes se mantengan dentro de los límites determinados por la constitución. La creación de una jurisdicción constitucional separada del Poder Judicial tiende a despolitizar y por ende a fortalecer y garantizar el control de la constitucionalidad.

C. Atribuciones del Tribunal Constitucional

1. Control Concentrado de Constitucionalidad en la Constitución del 2010[19]

A partir de la Nueva Constitución Dominicana del 2010, el control concentrado de la constitucionalidad fue transferido a un nuevo Órgano Constitucional, y todo ello en virtud de lo que establece el art. 184 del CD (comentado anteriormente) y el art. 185 CD consagra lo siguiente:

"El Tribunal Constitucional será competente para conocer en única instancia:

1) Las acciones directas de inconstitucionalidad contra las leyes, decretos, reglamentos, resoluciones y ordenanzas, a instancia del Presidente de la República, de una tercera parte de los miembros del Senado o de la Cámara de Diputados y de cualquier persona con interés legítimo y jurídicamente protegido;

2) El control preventivo de los tratados internacionales antes de su ratificación por el órgano legislativo;

---

[19] BREWER-CARIAS, Op. Cit.-El sistema de control concentrado de la constitucionalidad se establece en la Constitución mediante la regulación en el propio texto constitucional, en forma expresa, de la acción de inconstitucionalidad, del control a priori de la constitucionalidad de los tratados internacionales, de los procesos de resolución de conflictos constitucionales entre órganos del Estado y del control de constitucionalidad de las omisiones legislativas. En forma indirecta, también se abre posibilidad en la Constitución para la estructuración del control de la constitucionalidad de la actuación de los partidos políticos.

3) Los conflictos de competencia entre los poderes públicos, a instancia de uno de sus titulares;

4) Cualquier otra materia que disponga la ley.

Adicionalmente el art. 9 de la LOTCPC nos dice que "es competente para conocer de los casos previsto por el art. 185 CD y de los que esta ley le atribuye. Conocerá de las cuestiones incidentales que surjan ante él y dirimirá las dificultades relativas a la ejecución de sus decisiones." El art. 36 LOTCPC señala que "la acción directa de inconstitucionalidad se interpone ante el Tribunal Constitucional contra las leyes, decretos, resoluciones, ordenanzas, que infrinjan por acción u omisión, alguna norma sustantiva." Y, el art. 37 LOTCPC establece quiénes tienen calidad para accionar en materia de acción directa de inconstitucionalidad (idéntico al art. 185 CD).

El Tribunal Constitucional es el que tiene el control concentrado de la constitucionalidad absoluto, y todos los demás Tribunales de la República vía control difuso, tienen la potestad de garantizar la supremacía de la constitución.

Por último, cada Juez de la República, al momento de resolver las acciones de tutela,[20] también está ejerciendo parte de la llamada jurisdicción constitucional, preservando la supremacía de la Constitución.

---

[20] Constitución Dominicana Op. Cit. **Artículo 69.- Tutela judicial efectiva y debido proceso.** Toda persona, en el ejercicio de sus derechos e intereses legítimos, tiene derecho a obtener la tutela judicial efectiva, con respeto del debido proceso que estará conformado por las garantías mínimas que se establecen a continuación: 1) El derecho a una justicia accesible, oportuna y gratuita; 2) El derecho a ser oída, dentro de un plazo razonable y por una jurisdicción competente, independiente e imparcial, establecida con anterioridad por la ley; 3) El derecho a que se presuma su inocencia y a ser tratada como tal, mientras no se haya declarado su culpabilidad por sentencia irrevocable;4) El derecho a un juicio público, oral y contradictorio, en plena igualdad y con respeto al derecho de defensa; 5) Ninguna persona puede ser juzgada dos veces por una misma causa; 6) Nadie podrá ser obligado a declarar contra sí mismo;7) Ninguna persona podrá ser juzgada sino conforme a leyes preexistentes al acto que se le imputa, ante juez o tribunal competente y con observancia de la plenitud de las formalidades propias de cada juicio; 8) Es nula toda prueba obtenida en violación a la ley; 9) Toda sentencia puede ser recurrida de conformidad con la ley. El tribunal superior no podrá agravar la sanción impuesta cuando sólo la persona condenada recurra la sentencia; 10) Las normas del debido proceso se aplicarán a toda clase de actuaciones judiciales y administrativas.

Igualmente, el Considerando quinto de la LOTCPC, señala "que la tutela de la justicia constitucional está conferida, tanto al Tribunal Constitucional como al Poder Judicial, a través del control concentrado y el control difuso." Además, en su considerando sexto expone que el objetivo del Tribunal Constitucional es de garantizar la supremacía de la Constitución, defensa del orden constitucional y la protección de los derechos fundamentales. También comenta en su considerando séptimo: que sus decisiones son definitivas e irrevocables y constituyen precedentes vinculantes para todos.

Del análisis del art. 184 CD, los considerandos enunciados de la LOTCPC, y la teoría Kelseniana del control concentrado están plasmado, como una norma fundamental que garantiza la supremacía de la constitución y su carácter *erga omnes* (legislador negativo) frente a todos.

Se puede resumir diciendo que, el sistema concentrado de la Constitucionalidad sólo puede existir: a) cuando está establecido *expressis verbis* en la Constitución, b) su atribución es un sólo órgano constitucional las funciones constitucionales, y, c) su control puede ser mixto, sea difuso o concentrado.

a. La Acción de Inconstitucionalidad

La acción de inconstitucionalidad tiene por objeto determinar si una disposición de legislación ordinaria, decretos, reglamentos, resoluciones, ordenanzas o en los tratados internacionales es contraria a alguna disposición constitucional.

1. La Inconstitucionalidad formal, consiste en que una norma haya sido sancionada sin observarse el procedimiento que la Constitución señala, o por algún órgano distinto al que tiene la atribución pertinente. En este caso, habría que analizar si el legislador u órgano facultado para producir dicha norma observó el proceso constitucional para su creación.

2. La Inconstitucionalidad material, consiste en el hecho de que el precepto de la norma infrinja algunos de los derechos individuales o sociales que la constitución ampara; esta es la modalidad más grave y el verdadero objeto del control. En otras palabras, si la letra de ley es contraria a la constitución.

La acción directa de inconstitucionalidad podrá ser incoada por cualquier persona con interés legítimo y jurídicamente protegido. Sin embargo, tiene como requisito de admisibilidad, demostrar ser titular de un derecho o interés consagrado en la constitución (Sentencia No. 1 de la SCJ de fecha 6 de Agosto de 1998, Sentencia No. 8, SCJ Septiembre 1998, Sentencia 6 SCJ del 16 de Junio de 1999, Sentencia 6 SCJ del 22 de Octubre de 2008 y la Sentencia de la SCJ de fecha 2 de Junio 2010). Esta última decisión de la Suprema Corte de Justicia Dominicana tiene carácter vinculante, ya que la SCJ al momento de evacuar dicha decisión lo hizo como Tribunal Constitucional por disposición del Capítulo II. De las Disposiciones Transitorias: Tercera: La Suprema Corte de Justicia mantendrá las funciones atribuidas por esta Constitución al Tribunal Constitucional y al Consejo del Poder Judicial hasta tanto se integren estas instancias.

La Sección II, Procedimiento para el Recurso de Inconstitucionalidad de la Ley 137-11 LOTCPC en sus artículos 38 al 50 (este último modificado por el Art. 2 de la Ley 145-11LOTCPC de fecha 04/07/2011), establece cual es el procedimiento a seguir hasta su culminación.

b. El Control preventivo de la constitucionalidad

El Capítulo II del Control Preventivo de los Tratados Internacionales de la Ley 137-11 LOTCPC en sus artículos 55 al 58 establece el procedimiento que debe seguir el Tribunal Constitucional para ejercer el control previo de la constitucionalidad de un tratado internacional.

El control previo o *a priori* de constitucionalidad, puede ser entendido como la forma por medio de la cual se determina si una norma es acorde o no con el derecho de la Constitución, antes de que la misma nazca a la vida jurídica.

A nivel doctrinario existen dos posiciones con respecto a la naturaleza jurídica del control *a priori*: 1) quienes lo consideran como un auténtico control de constitucionalidad; y 2) los que niegan la naturaleza jurisdiccional del control *a priori* y le dan un carácter consultivo.

1. Los defensores de la primera teoría sostienen que el control previo no es un control político, aunque se presta para ser utilizado como tal. Así, se señala que el control *a priori* se articula conforme a criterios y procedimientos jurídicos, ya que se compara una ley o convenio con la Constitución Política, de ahí que se realice un análisis jurídico más que político. En ese mismo orden de ideas, se mantiene la idea de que la decisión del Tribunal Constitucional tiene carácter vinculante, y no consultivo.

Finalmente, se indica que no es posible afirmar que el juez constitucional actúe como legislador cuando ejerce un control *a priori,* ya que no le fija los términos en que debe subsanarse o dictarse la ley para que sea constitucional, sino que únicamente anula la norma, dejando dentro de la esfera de su discrecionalidad el contenido de la misma, lógicamente acatando los vicios de constitucionalidad que señale el Tribunal Constitucional.

2. Por otra parte, quienes niegan la naturaleza jurisdiccional del control *a priori,* señalan que los proyectos de ley o actos legislativos que son objeto de la consulta, si bien son relevantes para el derecho, no son aún parte del Ordenamiento Jurídico, ya que no han nacido como norma. En virtud de lo anterior, no ha existido todavía vulneración alguna al parámetro de constitucionalidad, que es lo único que hace válida la intervención judicial como acto jurisdiccional. Así, la sentencia, no es capaz de aplicar o anular algo con el fin de restablecer el orden vulnerado, de ahí que lo que emita es una mera opinión que pueda ser vinculante o no para el legislador.

A título enunciativo y sin entrar en detalles, el Tribunal Constitucional Dominicano hasta la fecha de hoy día ha conocido y rendido varias decisiones respecto al control previo de la Constitucionalidad.

Me permito hacer referencia a una de ellas, la sexta sentencia TC 0014/12 de 23 de Mayo 2012- relativa al Control Preventivo de Constitucionalidad del "Convenio entre la República Dominicana y el Reino de España para evitar la doble imposición y prevenir la evasión fiscal en materia de Impuestos sobre la Renta" y su Protocolo, ambos de fecha dieciséis (16) de noviembre del año dos mil once (2011), es la primera que tiene Voto Disidente "Por tales razones reiteramos que lo procedente era que el Tribunal Constitucional declarase la no conformidad con la Constitución de la República Dominicana del presente Convenio entre la República Dominicana y el Reino de España para evitar la doble imposición y prevenir la evasión fiscal en materia de Impuestos sobre la Renta, muy especialmente por infringir los artículos 26.4, 69.6, 69.8, 93.1, 98, 99, 112, 128.1.d y 243."[21] Criterio que compartimos con los Magistrados disidentes, porque sus fundamentos se enfocaron en la desigualdad del convenio para el país respecto a la doble imposición y la prevención de evasión fiscal.

---

[21] Ver Sentencia TC 0014/12 de 23 de Mayo 2012

c. Los conflictos de competencia entre los poderes públicos, a instancia de uno de sus titulares:

El Capítulo III De los Conflictos de Competencia de la Ley 137-11 LOTCPC en sus artículos 59 al 60, establece cual es el procedimiento cuando de esta materia sea apoderado el Tribunal Constitucional.

Consideramos que esta función del Tribunal Constitucional es un fundamento del control de la constitucionalidad frente a los poderes del Estado. Cuando los conflictos de competencia, o exceso de poder interfieran entre los poderes públicos, el Tribunal Constitucional funcionara como árbitro-juez encargado de mantener cada poder dentro de los límites de sus competencias sin que los mismos se pisen sus talones. A esto es lo que se denomina "checks and balance" ("peso y contrapeso") de los tres poderes del estado.

El jurista BREWER-CARIAS opina que "Estos conflictos son básicamente, los que se originan entre los Poderes Legislativo y Ejecutivo y, además, respecto de los otros órganos constitucionales con autonomía funcional, de manera que todos actúen conforme a los poderes atribuidos en la Constitución, sancionando toda usurpación, por inconstitucionalidad."[22]

Hasta el presente momento, el Tribunal Constitucional ha sido apoderado y no se ha pronunciado sobre conflictos de competencias de los poderes públicos.

d. Cualquier otra materia que disponga la ley:

En vista de que la Constitución como norma jurídica plantea principios constitucionales en sentido general, es a la ley (entiéndase Ley Orgánica) la que viene a suplir y a crear disposiciones adicionales no contempladas en la Constitución-pero por mandato de ella. En tal sentido, en virtud del mismo mandato de la constitución, se crean Leyes Orgánicas (La LOTCPC), la cual define, organiza, estructura, y crea un procedimiento.

2. Control Difuso de la Constitucionalidad en la Constitución del 2010.

Por otro lado, se instaura un control difuso, o por vía de excepción, cuando el art. 188 CD nos

---

[22]BREWER-CARIAS, Allan R. **"Principios Del Método Concentrado de Justicia Constitucional"** Nueva York, Mayo 2007. p. 11

dice "Los Tribunales de la República conocerán la excepción de constitucionalidad en los asuntos sometidos a su conocimiento." Y el art. 51 LOTCPC nos comenta que "poder judicial apoderado del fondo de una asunto ante el cual se alegue como medio de defensa la inconstitucionalidad-tiene competencia y está en el deber de examinar, ponderar y decidir la excepción planteada como cuestión previa al resto del caso."

Cuando se presente esta situación ante los Tribunales Ordinarios, tienen el carácter de jueces constitucionales cuando al resolver un caso concreto sobre el cual tengan conocimiento, declaren la inconstitucionalidad de una norma (el juez la considera "nula"), como si la misma nunca se hubiese dictado (*ab initio*), y por tanto, la desapliquen al decidir el caso concreto. En estos casos, por supuesto, el juez no anula la ley cuestionada, competencia que está reservada al Tribunal Constitucional.

D. Integración del Tribunal Constitucional Dominicano

El Tribunal Constitucional Dominicano estará integrado por 13 miembros, deberán reunir los mismos requisitos para ser Juez de la Suprema Corte. Su duración será por nueve años, sin reelección. Dichos miembros serán escogidos por El Consejo Nacional de la Magistratura en conformidad con las leyes y reglamentos pertinentes en vigencia.

En vista de que el art. 182 CD, y el Capitulo II Integración del Tribunal Constitucional, Prerrogativas y Régimen de Incompatibilidad de la Ley 137-11 LOTCPC de los artículos 10 al 24, no especifica si los Jueces a seleccionar para desempeñar las funciones en el Tribunal Constitucional deben ser jueces de carrera, se podría argumentar, que debido a que se trata de un órgano distinto a los tribunales ordinarios, se prefieren profesionales académicos y/o profesionales en el ejercicio.

Esta interpretación coincidiría con lo que Kelsen propuso originalmente, de que el Tribunal Constitucional fuese un cuerpo de jueces que no provengan del poder judicial. Sin embargo, no se cumplió con lo propuesto por Kelsen, ya que varios miembros del Tribunal Constitucional vienen del Poder Judicial.

III. DECISIONES DEL TRIBUNAL CONSTITUCIONAL DOMINICANO

A. Características y Clases de Decisiones del Tribunal Constitucional

Primeramente queremos abordar las características de las decisiones emitidas por el Tribunal Constitucional Dominicano.

1. Son decisiones definitivas e irrevocables. Igualmente constituyen precedentes vinculantes para todos los órganos del Estado. Vale notar que en el caso de que el Tribunal Constitucional decida apartarse de su precedente, debe expresar en los fundamentos de hecho y de derecho de las decisiones las razones por las cuales ha variado su criterio. (Art. 31, Par. I y II LOTCPC).

Las decisiones del Tribunal Constitucional tienen efectos inmediatos y para el porvenir. No obstante, el Tribunal Constitucional podrá de manera excepcional otorgarle autorización retroactiva cuando lo considere de lugar. (Art. 48 LOTCPC).

Las decisiones se toman con una mayoría calificada de nueve o más de sus miembros. Los jueces que hayan emitido un voto disidente podrán hacer valer sus motivaciones en la decisión adoptada. (Art. 186 CD). Las Decisiones del Tribunal Constitucional Dominicano se tomarán con una mayoría calificada de nueve o más de sus miembros. Los jueces que hayan emitido un voto disidente podrán hacer valer sus motivaciones en la decisión adoptada. (Art. 186 CD).

En cuanto al tipo o clase de decisiones del Tribunal Constitución, existen las siguientes:

2. Decisiones Conexas: Estas son decisiones que al declarar la inconstitucionalidad de una norma o disposición general, declaran también la anulación de cualquier precepto de la misma o de cualquier otra norma o disposición cuya anulación resulte evidentemente necesaria por conexidad, así como la de los actos de aplicación cuestionados.

3. Decisiones Interpretativas: Son aquellas decisiones en que el Tribunal Constitucional desestima la demanda en solicitud de inconstitucionalidad del precepto impugno. Por el contrario, son decisiones de estimación, las decisiones que declaran inconstitucional el precepto impugnado, acogiendo en parte o total las pretensiones de la parte demandante. (Art 47 LOTCPC).

A su vez las Decisiones interpretativas, pueden ser:

1.**Decisiones Interpretativas Aditivas**: son aquellas que buscan controlar las omisiones legislativas institucionales. En el sentido amplio, en los casos de ausencia de previsión legal expresa de lo previsto constitucionalmente, o cuando se limita a realizar una interpretación extensiva o análoga del precepto impugno. (Art. 47 Par. II, LOTCPC)

2. Decisiones Interpretativas Exhortativas: son aquellas aceptadas en la práctica constitucional comparada (art. 47 Par III, LOTCPC).

Y coincidimos con la opinión de LUCIANO PICHARDO Y HERNANDEZ MACHADO, en lo que respecta a los mecanismos procedimentales requeridos para hacer una buena interpretación de la constitución que procura siempre que la norma constitucional no sea vulnerada por leyes inferiores y así mantener el control de la constitucionalidad. De esta manera se mantiene la supremacía de la constitución la cual es la finalidad de dicho órgano estatal autónomo e independiente. Dichos autores sostienen que "La justicia constitucional tiene un desarrollo procedimental que comprende una serie de actuaciones y/o ejercicios conceptuales dirigidos a la interpretación de la Constitución y, si resultara procedente, a la aplicación de la norma suprema sobre cualquier disposición adjetiva que colinda con la misma. La culminación del proceso constitucional lo constituye la sentencia que interviene, la cual es considerada como una fuente de derecho por la doctrina moderna, orientándose ésta, en el sistema de fuentes, a situar las sentencias constitucionales en un lugar intermedio entre la Constitución y la ley, cuando las mismas interpretan las normas supremas, o en una posición similar a la de la ley, si las sentencias interpretan constitucionalmente a las leyes, que en todo caso no es un lugar inferior a éstas últimas."[23]

IV. LOS PRINCIPIOS DE APLICACION E INTERPRETACION DE LOS DERECHOS Y GARANTIAS FUNDAMENTALES EN LA CONSTITUCION DEL 2010.

1. Principios de reglamentación e interpretación:

Los Principios de reglamentación e interpretación de los derechos y garantías fundamentales, tienen como objetivo esencial tomar en cuenta, al momento de interpretar la Constitución, los

---

[23] LUCIANO PICHARDO, Rafael y HERNANDEZ MACHADO, José E., **Apuntes sobre la Justicia Constitucional**, XIII Reunión de Presidentes de Cortes Supremas de Justicia. Centroamericana. República Dominicana. México. Santo Domingo, República Dominicana. 26, 27 y 28 de Noviembre del 2003. pp. 1 y 2.

fundamentos esenciales que dieron nacimiento a la norma constitucional. Estos fundamentos esenciales son: el derecho a la vida, la dignidad humana, la protección efectiva de los derechos de la persona, la igualdad, y la libertad entre otros principios consagrados en la nueva Constitución Dominicana.

De ahí que, tanto el Tribunal Constitucional como el Poder Judicial, al interpretar las normas constitucionales, deberán interpretarlas tomando en cuenta la dignidad, igualdad y la libertad, entre otros principios.

Los otros principios consagrados en la Constitución Dominicana son, a saber:

1. No tiene carácter limitativo y, por consiguiente, no excluyen otros derechos y garantías de igual naturaleza (art. 74.1 CD) Lo que podría denominarse como el principio abierto de la interpretación de la constitución.

2. Solo por ley, en los casos permitidos por esta constitución podrá regularse el ejercicio de los derechos y garantías fundamentales, respetando su contenido esencial y el principio de razonabilidad (art. 74.2 CD). Estableciendo también el principio de la reserva de ley.

3. Los tratados, pactos y convenciones relativos a derechos humanos, suscritos y ratificados por el Estado Dominicano, tienen jerarquía constitucional y son de aplicación directa e inmediata por los tribunales y demás órganos del Estado (art. 74.3 CD) Reconfirmando la importancia del principio del Derecho Constitucional Comparado.

4. Los poderes públicos interpretan y aplican las normas relativas a los derechos fundamentales y sus garantías, en el sentido más favorable a la persona titular de los mismos y, en caso de conflicto entre derechos fundamentales, procuraran armonizar los bienes e intereses protegidos por esta constitución. (Art. 74.4 CD).

Por consiguiente podríamos afirmar que la esencia de la Constitución es el procurar, independientemente de los sistemas políticos, económicos y culturales, promover y proteger los derechos libertades humanas fundamentales. Nuestra Constitución consagra tales derechos cuando Nuestra constitución consagra en su art. 38: El Estado se fundamenta en el respeto a la dignidad de la persona y se organiza para la protección real y efectiva de los derechos fundamentales que le son inherentes. La dignidad del ser humano es sagrada, innata e inviolable; su respeto y protección constituyen una responsabilidad esencial de los poderes públicos.

Todas las personas nacen libres e iguales ante la ley, reciben la misma protección y trato de las instituciones, autoridades y demás personas y gozan de los mismos derechos, libertades y oportunidades, sin ninguna discriminación por razones de género, color, edad, discapacidad, nacionalidad, vínculos familiares, lengua, religión, opinión política o filosófica, condición social o personal. (Art. 39 CD, en parte)

Por ende, coincidimos con GOIG MARTINEZ, cuando dice que: "El fundamento de la Constitución es la dignidad, pero también, y como manifestación de esta dignidad, son fundamentos de la Constitución, y función esencial del Estado, el desarrollo igualitario de las personas –igualdad- y el desarrollo de un espacio de libertad. Por ello, dignidad, igualdad y libertad son fundamento del orden constitucional dominicano, y por ello, los derechos y libertades, que son manifestaciones de la dignidad, de la igualdad y de la libertad, adquieren la condición de fundamentos constitucionales."[24]

Y con ese fundamento, realizar una interpretación jurídica, la cual "constituye uno de los procesos más importantes e interesantes en el quehacer jurídico puesto que a través de la interpretación se explica el sentido de una ley, decisión o acto. La Interpretación es la técnica que conduce a la comprensión del sentido de la norma jurídica. La interpretación que interesa al Derecho es una actividad dirigida a reconocer y a reconstruir el significado que ha de atribuirse a formas representativas, en la órbita del orden jurídico, que son fuente de valoraciones jurídicas, o que constituyen el objeto de semejantes valoraciones."[25]

B. Interpretación de la norma jurídica conforme al objeto y fin de la norma:

Toda disposición debe ser interpretada conforme al objeto y fin de la norma. Así, cada modo de interpretación se subdivide en:

1. Teleológico, donde el que va a aplicar la disposición tiene el deber de encontrar cuál es el objeto y fin de la norma. En atención a ello, los jueces tienen la facultad de ir más allá del texto

[24] GOIG MARTINEZ Op. Cit.

[25] GOIG MARTINEZ Op. Cit.

literal de la norma, si es que de la aplicación, de los métodos propuestos puede encontrarse cuál era el objeto y fin de la norma (se conoce con el término "sentido amplio de la norma").

Es precisamente en caso de derogación tácita donde el intérprete deberá buscar a través de máximas o principios interpretativos u otros recursos semánticos para eliminar la incompatibilidad; y,

2. Interpretación Más Favorable, entre otras reglas de interpretación podemos señalar la interpretación más favorable a los derechos fundamentales. En caso de duda debe elegirse aquella interpretación que permita desarrollar en mayor medida la eficacia jurídica de la norma que consagra un derecho fundamental. Donde simplemente puede auxiliarse de la mezcla de algunos de estos metodos o, simplemente, establecer una relación entre ellos para que, a falta de uno, pueda el intérprete de la norma auxiliarse en el otro método de interpretación.

Y comenta HERNANDEZ-MACHANO SANTANA, que "Los preceptos constitucionales deben ser interpretados no sólo por lo que ostensiblemente indican, sino también de lo que resulta implícito en ellos; que la efectividad de las normas constitucionales son pensadas en armonía con la eficacia, implícita o explícita de las otras reglas constitucionales, en concordancia con los precedentes judiciales y la legislación vigente, pues a cada norma constitucional se le debe revestir el máximo de capacidad en el accionar de la jurisdicción."[26]

V. PRINCIPIOS DEL SISTEMA DE JUSTICIA CONSTITUCIONAL DOMINICANO.

A. Principios Rectores.

La LOTCPC establece una serie de principios que el Tribunal Constitucional debe guiarse cuando está ejerciendo el control de constitucionalidad (administrando la justicia constitucional), a saber:

1. Principio de Accesibilidad. La jurisdicción debe de estar libre de obstáculo, impedimentos, formalismos o ritualismos que limiten irrazonablemente la accesibilidad y oportunidad de la justicia. (art.7.1 LOTCPC).

---

[26] HERNANDEZ-MACHADO SANTANA, **Derecho Procesal Constitucional**, Impresora Osab Editora, 2007 p. 21.

2. Principio de Celeridad. Los procesos de justicia constitucional, en especial los de tutela de los derechos fundamentales, deben resolverse dentro de los plazos constitucionales y legalmente previstos y sin demora innecesarias. (Art 7.2 LOTCPC).

3. Principio de Constitucionalidad. Corresponde al Tribunal Constitucional y al Poder Judicial, en el marco de sus respectivas competencias garantizar la supremacía, integridad y eficacia de la Constitución y del bloque de constitucionalidad. (Art. 7.3 LOTCPC)

4. Principio de Efectividad. Todo juez o tribunal debe garantizar la aplicación de las normas constitucionales y de los derechos fundamentales frente a los sujetos obligados o deudores de los mismos, respetando las garantías mínimas del debido proceso y están obligado a utilizar los medios más idóneos y adecuados a las necesidades concretas de protección frente a cada cuestión planteada, pudiendo conceder una tutela judicial diferenciada cuando lo amerite el caso en razón de sus peculiaridades. (Art. 7.4 LOTCPC).

5. Principio de Favorabilidad. La Constitución y los derechos fundamentales deben ser interpretados y aplicados de modo que se optimice su máxima efectividad para favorecer al titular del derecho fundamental. Cuando exista conflicto entre normas integrantes del bloque de constitucionalidad, prevalecerá la que sea más favorable al titular del derecho vulnerado. Si una norma infra constitucional es más favorable para el titular del derecho fundamental que las normas del bloque de constitucionalidad, la primera se aplica de forma complementaria, de manera tal que se asegure el máximo nivel de protección. Ninguna disposición de la presente ley puede ser interpretada, en el sentido de limitar o suprimir el goce y ejercicio de los derechos y garantías fundamentales. (Art. 7.5 LOTCPC)

6. Principio de Gratuidad. La justicia constitucional no está condicionada a sellos, fianzas o gastos de cualquier naturaleza que dificulten su acceso o efectividad y no está sujeta al pago de costas, salvo la excepción de inconstitucionalidad cuando aplique. (Art. 7.6 LOTCPC).

7. Principio de Inconvalidabilidad. La infracción de los valores y principios y las reglas constitucionales, esta sancionada con la nulidad y se prohíbe su subsanación o convalidación. (Art. 7.7 LOTCPC).

8. Principio de Inderogabilidad. Los procesos constitucionales no se suspenden durante los estados de excepción y, en consecuencia, los actos adoptados que vulneren derechos protegidos o que afecten irrazonablemente derechos suspendidos, están sujetos al control jurisdiccional. (Art. 7.8 LOTCPC).

9. Principio de Informalidad. Los procesos y procedimientos constitucionales deben estar exentos de formalismos o rigores innecesarios que afecten la tutela judicial efectiva. (Art. 7.9 LOTCPC).

10. Principio de Interdependencia. Los valores, principios y reglas contenidos en la constitución y en los tratados internacionales sobre derechos humanos adoptados por los poderes públicos de la República Dominicana, conjuntamente con los derechos y garantías fundamentales de igual naturaleza a los expresamente contenidos en aquellos, integran el bloque de constitucionalidad que sirve de parámetro al control de la constitucionalidad y al cual está sujeto la validez formal y material de las normas infra constitucionales. (Art. 7.10 LOTCPC).

11. Principio de Oficiosidad. Todo juez o tribunal, como garante de la tutela efectiva, debe adoptar de oficio, las medidas requeridas para garantizar la supremacía constitucional y el pleno goce de los derechos fundamentales, aunque no hayan sido invocadas por las partes o las hayan utilizado erróneamente. (Art. 7.11 LOTCPC).

12. Principio Supletoriedad. Para la solución de toda imprevisión, oscuridad, insuficiencia o ambigüedad de esta ley, se aplicaran supletoriamente los principios generales del Derecho Procesal Constitucional y solo subsidiariamente las normas procesales afines a la materia discutida, siempre y cuando no contradigan los fines de los procesos y procedimientos constitucionales y los ayuden a su mejor desarrollo. (Art. 7.12 LOTCPC).

13. Principio de Vinculatoriedad. Las decisiones del Tribunal Constitucional y las interpretaciones que adoptan o hagan los tribunales internacionales en materia de derechos humanos, constituyen precedentes vinculantes para los poderes públicos y todos los órganos del Estado. (Art. 7.13 LOTCPC).

Independientemente a estos principios establecido en la LOTCPC, el Tribunal Constitucional puede nutrirse del principio amplio de interpretación de las normas, al igual que todos los principios internacionales, doctrinas, y jurisprudencias locales como de derecho comparado (incluyendo el Test Alemán- Principio de la proporcionalidad y razonalibilidad).

CONCLUSIONES

Sólo hemos podido abordar la punta del témpano de hielo de lo que es el vasto tema del control de la constitucionalidad. No obstante, nos ha permitido captar su profunda importancia en sentido general y aún más enfocándolo dentro del marco de la República Dominicana. Aun dentro de lo limitado de este breve estudio, nos sentimos afortunados de ser parte de una nueva etapa constitucional en nuestro país, y es que, la República Dominicana cuenta con una verdadera norma constitucional que garantiza la supremacía de las leyes.

Nuestro enfoque del Control de la Constitucionalidad dentro de los cánones constitucionales y leyes orgánicas, nos permitió-con la ayuda de autores sobre la materia-realizar una exposición del control de la constitucionalidad de una manera teórica.

Al concluir, me gustaría enfatizar que el logro, y en última instancia la acogida, del control de constitucionalidad nos incumbe a todos. El éxito no estriba en que está escrito en la Constitución y las leyes, sino que el acierto dependerá de que la ciudadanía, funcionarios públicos y privados y los representantes políticos respeten y fortalezcan nuestra Constitución para que el órgano constitucional pueda ejercer sus funciones autónoma e independiente en beneficio de todos.

También me gustaría exhortar a los Juristas Dominicanos, que juntos aprovechemos la oportunidad de este Estado Social y Democrático de Derecho que se inicia en la República Dominicana y que uniendo esfuerzos podamos vivir en armonía con las garantías que el Tribunal Constitucional Dominicano nos asegura.

Cerraremos diciendo que permaneceremos a la expectativa de que el Tribunal Constitucional en la República Dominicana sea un éxito, como lo ha sido en otros países, y que, asiduamente continuaremos estudiando esta materia de suma importancia dentro del Derecho.

ABREVIATURAS

Art/Arts.   Artículo/artículos

CD   Constitución Dominicana

CNM   Consejo Nacional de la Magistratura

Op. Cit.   Obra Citada

LOTCPC   Ley Orgánica Tribunal Constitucional y de los Procedimientos Constitucionales

P./pp.   Pagina/paginas

Núm.   Numero

BIBLIOGRAFIA

ARAGON, Manuel, **Constitución, Democracia y Control,** Universidad Nacional Autónoma de México, México 2002.

BREWER – CARÍAS, Allen R, "Principios Del Método Concentrado de Justicia Constitucional" Nueva York, Mayo 2007.

CABALLERO OCHOA, José Luis "El derecho internacional en la integración constitucional. Elementos para una hermenéutica de los derechos fundamentales" Una versión de este trabajo, se presentó como ponencia en el **Congreso Internacional y VI Congreso Nacional de Derecho Constitucional organizado por el Instituto de Investigaciones Justicia de la UNAM**, el día 7 de febrero de 2006.

DE STEFANO, Juan Sebastián, "El control de la Constitucionalidad" **VRBE et IVS Revista de Análisis Jurídico.** Ano I, Newsletter No. 7 Otoño MMV.

GARCIA GARCIA, José Francisco "Tres aportes fundamentales del Federalista a la Teoría Constitucional Moderna" **Revista de Derecho**. Vol. XX-No. 1 Julio-2007

GIRON REQUERA, Emilia "El control de constitucionalidad en Colombia" **VIII Congreso Iberoamericano de Derecho Constitucional.** Sevilla, 3 a 5 de Diciembre de 2003.

GOIG MARTINEZ, Juan Manuel Trabajo "Título de Especialista de Derecho Constitucional Dominicano. Interpretación de la constitución y de la Jurisprudencia Constitucional"

GOIG MARTINEZ, Juan Manuel Trabajo "Título de Especialista de Derecho Constitucional Dominicano. La Defensa de la Constitución a través de la Justicia Constitucional"

HERNANDEZ-MACHADO SANTANA, Erick J. **"Derecho Procesal Constitucional"** Osaba Editora, Santo Domingo, D.N. Julio 2007.

JINESTA L., Ernesto "Relaciones entre Jurisdicción Ordinaria y Justicia Constitucional." Conferencia Pronunciada en **I Encuentro de Cortes y Salas de Centroamérica y República Dominicana**, Santo Domingo de Heredia (Costa Rica), 27 de Febrero del 2006.

JORGE PRATS, EDUARDO "La Efectividad y Eficacia como principio rectores de la tutela de los derechos fundamentales" **Revista Iberoamericana de Derecho Procesal Constitucional** núm. 13, enero-junio 2010.

LA CONSTITUCION COMENTADA Edición: © Fundación Institucionalidad y Justicia Inc. (FINJUS) Noviembre 2011

LUCIANO PICHARDO, Rafael y HERNANDEZ MACHADO, José E. "Apuntes sobre Justicia Constitucional. **XIII Reunión de Presidentes de Cortes Supremas de Justicia.**

Centroamérica. República Dominicana. México. Santo Domingo, República Dominicana. 26, 27 y 28 de noviembre del 2003.

PERALTA DECAMPS, Richard: **La Constitución de San Cristóbal. Apuntes para el estudio de sus antecedentes, esencia y proyecciones históricas**, Ediciones Jurídicas Trajano-Potentini, 2da. edición, Santo Domingo, República Dominicana, 2004.

MEDRANO Y MEJIA, Claudio Aníbal "Curso de Garantías Constitucionales- Unidad El Control de Constitucionalidad" **Proyecto de Fortalecimiento del Poder Judicial**. Santo Domingo, República Dominicana, 2002

ZUNIGA URBINA, Francisco, **"Control de Constitucionalidad y Sentencia"** LOM Ediciones, Octubre 2006.

Constitución De La Republica Dominicana. Proclamada el 26 de Enero de 2010, Publicada en la Gaceta Oficial No. 10561, del 26 de Enero de 2010.

Ley No. 137-11 del 13 de Junio de 2011 "Ley Orgánica del Tribunal Constitucional y de los Procedimientos Constitucionales"

Ley No. 145-11 del 22 de Junio de 2011"Ley Orgánica del Tribunal Constitucional y de los Procedimientos Constitucionales" que modifica la Ley No. 137-11 del 13 de Junio de 2011.

Ley núm. 138-11 del 21 de Junio de 2011 "Ley Orgánica del Consejo Nacional de la Magistratura"

Reglamento núm. CNM-1-11 de fecha 11 de Agosto de 2011 "Para la aplicación de la Ley Orgánica del Consejo Nacional de la Magistratura, núm. 138-11.

http://es.wikipedia.org/wiki/Hans_Kelsen

www.ingramcontent.com/pod-product-compliance
Lightning Source LLC
Chambersburg PA
CBHW081806170526
45167CB00008B/3351